Ute Martina Witt

Der kleine Kobold

Eine spirituelle Reise

Lesebuch für kleine und große Kinder

In Liebe und Dankbarkeit Irene Dobsky gewidmet

1. Auflage 2015

Autorin: Ute Martina Witt
Umschlaggestaltung, Illustration: tao.de
Umschlagfoto: Ute Martina Witt
Weitere Mitwirkende: Die Engel und die Geistige Welt

Printed in Germany

Verlag: tao.de in J. Kamphausen Mediengruppe GmbH, Bielefeld, www.tao.de, eMail: info@tao.de

Bibliografische Information der Deutschen Nationalbibliothek: Die Deutsche Nationalbibliothek verzeichnet diese Publikation in der Deutschen Nationalbibliografie; detaillierte bibliografische Daten sind im Internet über http://dnb.d-nb.de abrufbar.

ISBN Hardcover: 978-3-95802-240-9
ISBN Paperback: 978-3-95802-239-3
ISBN e-Book: 978-3-95802-241-6

Ute Martina Witt

Der kleine Kobold

Eine spirituelle Reise

Lesebuch für kleine und große Kinder

Priscilla

Der kleine Kobold hatte eine Schwester. Er liebte sie sehr. Ihr Name war Priscilla. Sie lebten im nahen Wald. Dort bewohnten sie einen Baum. Sie wohnten im dritten Stock. Der kleine Kobold und seine Schwester Priscilla, die er sehr liebte, wohnten gemeinsam mit ihrem Vater im dritten Stock des Baumes im nahen Wald. Der kleine Kobold und seine Schwester Priscilla gingen jeden Tag, bei Einbruch der Dunkelheit, zusammen zur Schule.

Eines Abends, auf dem Weg zur Schule, frug der kleine Kobold seine Schwester Priscilla: „Hallo Süße, warum sollten wir eigentlich nicht in den Kindergarten gehen?! Wir sind doch immer so gerne in den Kindergarten gegangen!“ Seine Schwester Priscilla schaute ihn mit tieftraurigen Augen an: „Ja, wir sind immer sehr gerne in den Kindergarten gegangen. Doch jetzt sind wir groß und müssen zur Schule gehen.“

Priscilla war tatsächlich groß für ihr Alter. Sie war so alt wie der Baum, den sie zusammen mit ihrem Bruder, dem kleinen Kobold und ihrem Vater bewohnte. Tatsächlich war sie 12.000 Jahre alt. Und ihre Größe, ihre Größe, war weit mehr als die doppelte Höhe eines aufrecht stehenden Fingerhutes! Sofern ein Fingerhut überhaupt jemals so gefällig war, einmal aufrecht stehen zu bleiben. Ein Fingerhut zappelte für gewöhnlich lieber herum, schnitt Grimassen und neckte gerne die anderen. Priscilla war also recht groß für ihr Alter. Aber innerlich, innerlich fühlte sie sich arg klein, oft alleine und fehl am Platze. Nicht, dass die anderen in ihrer Umgebung dies wussten oder diese Gefühle in Priscilla hineingelegt hätten, nein, nein, aber diese Gefühle waren da. Priscilla fühlte sich klein, schutzlos und nicht dazugehörig.

Priscilla war oft sehr traurig. Wenn die anderen es nicht sahen, weinte sie gerne. Sie weinte deshalb gerne, weil sie sich danach sehr erleichtert fühlte. Sie fühlte sich dann weniger einsam, weniger verlassen und mehr dazugehörig. Für einen Moment. Und dann war es wieder da, dieses Gefühl, von allem, was wichtig ist und für Priscilla wirklich zählte, abgeschnitten zu sein. Priscilla hatte das unbestimmte Gefühl, hier nicht zu Hause zu sein. Nein, das Zusammensein mit ihrem Vater war ein Irrtum. Ein schrecklicher Irrtum. Dieses Wesen zwang sie zur Schule zu gehen! Zur Schule!

Priscilla war empört und fühlte sich ausgeliefert. Was sollte sie dort?! Was sollte sie in der Schule?! Sie wusste doch bereits alles! Was konnten diese aufgeblasenen und unwichtigen Wesen sie, Priscilla, lehren?! Nichts! Diese Wesen in der Schule, vor denen sie still sitzen musste und deren absonderliche Fragen sie beantworten sollte, wenn sie ihren, Priscillas Namen, aufriefen, hatten ihr nichts zu sagen! Sie wussten nichts. Aber sie maßen sich an, zu wissen, was für sie, Priscilla, das Beste sei! Pah!

Bei diesen Gedanken wurde Priscilla, die Sanfte, regelrecht wütend! Innerlich rebellierte sie, wurde trotzig und rief: „Ich will eure Schule nicht! Ich will nicht hier sein! Alles in mir widerstrebt! Ich hasse euch und eure Schule! Ihr macht mich krank!“ An dieser Stelle ihrer Betrachtungen angelangt, fehlte Priscilla der Mut und sie sank innerlich zusammen. Priscilla wollte sterben! Aber das durfte sie nicht. Das konnte sie nicht. Wie würde es ihrem Bruder ergehen, dem kleinen Kobold?! Was würde ihr Vater dazu sagen?! Priscilla wusste nur eins: Sie konnte den Schmerz, den sie fühlte, ihrem Bruder, dem kleinen Kobold und ihrem Vater nicht antun, wenn sie starb. Priscilla hatte es sich schon oft vorgestellt, wie es sein würde, einfach nicht mehr da zu sein. Und dann fühlte sie den Schmerz, dann fühlte sie die Trauer, die sich in ihren Bruder, den kleinen Kobold und ihren Vater hineinbohren würden. Das wollte sie nicht! Sie wollte nicht, dass ihr Vater das fühlte. Sie wusste, wovon sie sprach. Priscilla fühlte diesen Schmerz, fühlte diese Trauer bereits. Sie wollte sterben.

„Komm‘, Priscilla, meine Liebe, lass‘ uns in den Kindergarten gehen!“, sagte in diesen Schmerz, in diese Trauer, plötzlich der kleine Kobold. Sie wandte sich zu ihm um und ein schwaches Glitzern, wie wenn ein Stern am Nachthimmel sich plötzlich heimlich bewegt, weil ihm seine alte Lage unbequem geworden ist, machte sich in ihren Augenwinkeln bemerkbar.

„Meinst du, wir sollten das tun?! Würden uns die Wesen, die die Pforte bewachen, denn eintreten lassen?!“ Hoffnung machte sich in Priscilla breit. Ein wohliges Gefühl. Sie liebte es, wenn sich die Hoffnung in ihr ausbreitete. Es gab ihr für kurze Momente eine Ahnung davon, wie es sein könnte, wenn alles gut ist. Priscilla liebte ihren Bruder, er war sehr gut zu ihr. Immer, wenn es ihr schlecht erging, bemerkte er, der kleine Kobold, es und versuchte sie aufzuheitern. Meistens gelang ihm das.

Was würde der Vater sagen, wenn er erfuhr, dass sie, Priscilla und ihr lieber Bruder, der kleine Kobold, im Garten der Kinder waren und die Wesen an der

Pforte zum Garten der Kinder sie beiden eingelassen hätten?! Würde er sie schelten?! Würde er laut und ihnen beiden, Priscilla und dem kleinen Kobold, ihrem Bruder, Vorwürfe machen?! Nein, das machte er nie. Er schaute sie beiden dann immer nur traurig an und gab Priscilla und ihrem lieben Bruder, dem kleinen Kobold, das Gefühl, dass er ein Versager sei. Seine Kinder machten nicht, was er, der Vater, für sie als das Beste ausgesucht hatte und machten stattdessen das, was sie selbst mochten. Er musste ein Versager sein! Ja, so war das mit ihrem Vater. Er fühlte sich rasch als Versager. Priscilla mochte ihren Vater. Verstehen konnte sie ihn nie.

Tante Martha

So wanderten sie weiter. Still. Niemand sprach ein Wort. Bis auf eine. Die kleine Kiebitzin dort: „Hallo Priscilla, hallo kleiner Kobold! Wohin des Weges?!“ Priscilla und ihr Bruder, der kleine Kobold, blieben augenblicklich stehen. „Hallo Tante Martha!“, grüßten die beiden die Kiebitzin. Priscilla machte einen Schritt auf Tante Martha zu. „Ich freue mich unsagbar dich hier zu treffen“, sagte Priscilla.

Die kleine Kiebitzin, die Priscilla mit „Tante Martha“ angesprochen hatte, war wunderschön. Sie hatte zarte Flügel, ein buntes Sommerfederkleid und einen kecken Puschel auf dem niedlichen Köpfchen, der bei jeder hüpfenden Bewegung von Tante Martha lustig auf und ab sprang und alles, was Tante Martha sagte oder tat, kräftig unterstützte. Der Puschel auf Tante Marthas Köpfchen war dergestalt, dass er alles unternahm, um ihre Aufmerksamkeit zu erringen. Er bemühte sich sehr um Tante Marthas Aufmerksamkeit! Tante Martha wiederum bemerkte es nicht. Sie tat, was sie immer tat: Tante Martha erzählte lebhaft und eindringlich, hüpfte dabei von einem ihrer Beinchen auf das andere, schlug mit ihren Flügeln und wurde vor lauter Begeisterung ganz kurzatmig. Und den Puschel, den Puschel auf ihrem winzigen Köpfchen gewahrte sie nicht. Das grämte den Puschel sehr! Er machte nun seinerseits die aufgeregtesten Verbeugungen, bog sich beinahe bis zu Tante Marthas Äuglein hinunter und schwang hin und her und hätte sicherlich, wenn er einen Po gehabt hätte, mit dem Po gewackelt! Aber der Puschel auf Tante

Marthas Köpfchen war ein Puschel und so sehr er sich auch bemühte, er hatte keinen Po, mit dem er wackeln konnte, um Aufsehen zu erregen. Das und nur das, da war sich der Puschel einig mit sich und seinen Zuschauerinnen und Zuschauern, verhinderte, dass Priscilla Tante Martha darauf hinwies, welch amüsanter Puschel Tante Marthas winziges Köpfchen zierte!

Überhaupt, Priscilla! Von ihr konnte der Puschel ein Lied singen! Tante Martha liebte Priscilla. Das war ersichtlich. Der ganze Wald wusste es. Und selbst der Wald liebte Priscilla! Und der Wald war nicht der Einzige! Jede Wolke, jeder Sonnenstrahl, jedes lose Blatt im Wind, das Große Wasser ganz in der Nähe, jedes Sandkorn, jede Beere und jeder Ton, der aus der Musikwand herüberwehte, alle liebten Priscilla!

Hätte der Puschel eine Haut gehabt, er wäre aus der Haut gefahren! Der Puschel konnte nicht wirklich etwas Stichhaltiges gegen Priscilla vorbringen. Nein, da gab es nichts. Nur, das eben alle sie liebten! Darauf war der Puschel wirklich sehr neidisch. Er war eifersüchtig! Er unterstrich mit seinen Bewegungen, Verbiegungen, Krümmungen und Clownerien jede Äußerung von Tante Martha und alles, was er erntete, war eine fahrige und beinahe ungeduldig erhobene Schwinge Tante Marthas, um ihn, ihren Puschel, wieder zur Räson zu bringen. War das gerecht?! Der Puschel auf Tante Marthas Köpfchen schwankte zwischen Verzweiflung, Wut und Selbstaufgabe. Und das alles wegen Priscilla! Dabei war Priscilla keineswegs so fröhlich wie er, so ausgelassen und heiter, wie er, Tante Marthas Puschel. Nein, gar nicht. Die meiste Zeit war sie nachdenklich, beinahe schon gedrückter Stimmung, oft ernst, ja manchmal weinte sie auch, wenn sie sich unbeobachtet fühlte. Unbeobachtet! Ts! Im Wald konnte sich niemand unbeobachtet fühlen! Alle waren hier hellsichtig und hellfühlig. Niemand konnte sein Innerstes verbergen. Der Wald, jeder Sonnenstrahl, jedes in der Luft schwebende Blatt, jeder Kiesel, auf den Priscilla trat, kannten ihre Geschichte, kannten ihren Schmerz. Sie alle kannten Priscillas Wehmut und Sehnsucht. Und deshalb liebten sie sie.

Und wenn der Puschel ganz, ganz ehrlich zu sich war, dann grollte er nicht mit Priscilla. Nein, dann musste sein Puschelherz sich eingestehen, dass es Priscilla ebenfalls liebte.

„Ich freue mich auch sehr, dich zu sehen“, sagte der kleine Kobold. „Schau‘“, bemerkte soeben Priscilla, „da ist ja auch Gevatter Dachs!“

Tante Martha, der kleine Kobold und selbstverständlich auch der unnachahmliche Puschel auf dem Kopf der Kiebitzin, blickten in die ihnen gewiesene Richtung. Und tatsächlich, da lugte aus einer Baumhöhle Salomon Dachs, der Weise des Waldes. Salomon schenkte dem kleinen Kobold, seiner Schwester Priscilla und Tante Martha ein freundliches Lächeln. Er winkte Ihnen mit seinen gütigen Augen ein herzliches Willkommen. Sodann grüßten Tante Martha, der kleine Kobold und Priscilla Gevatter Dachs, indem sie ihm lebhaft winkten. Salomon Dachs saß daraufhin noch eine Weile auf seiner Veranda, bevor er in seine Baumhöhle eintauchte, um sich wieder seinen Studien zu widmen.

Tante Martha wandte sich wieder an Priscilla und den kleinen Kobold: “Wohin des Weges, ihr beiden?! Seid ihr auf der Suche nach Abenteuern oder nach mir, damit ich euch das Fliegen beibringen kann?!“ Das war typisch für Tante Martha. Wenn sie nur keinen Ernst an den Tag legen musste, war sie glücklich. Sie wusste haargenau, dass der kleine Kobold und Priscilla keine Abenteuer suchten oder Flugstunden bei ihr, Tante Martha, nehmen konnten. Ts! Tante Martha erkannte blitzschnell, als sie die beiden von weitem auf sich zukommen sah, dass Priscilla sehr traurig war. Tante Martha wusste nur zu gut, dass der kleine Kobold und Priscilla auf dem Weg zur Schule waren. Einen Ort, der für Priscilla nur eines bedeutete: Beständige Pein. Tante Martha konnte es Priscilla nachfühlen und so versuchte sie sie zu trösten, indem sie Priscilla auf mögliche Abenteuer oder Flugstunden ansprach.

So war Tante Martha eben. Sie wollte alle glücklich sehen. Und wer nicht glücklich war, den versuchte Tante Martha mit Späßen aufzuheitern oder doch wenigstens von ihrem oder seinem Kummer abzulenken. Priscilla war eine gute Seele und ging auf Tante Marthas Versuch, sie zu trösten, ein. „Ja, Tante Martha, das wäre schön, eine gute Tat zu begehen, ein Abenteuer zu erleben oder von dir das Fliegen beigebracht zu bekommen! Wie wäre es, wenn du, Tante Martha, ein Abenteuer bestündest und mit uns heute in die Schule gingst?!", sagte Priscilla, einer plötzlichen Eingebung folgend.

„Das wäre sicher ein großer Spaß, vor allem für dich! Du könntest mit deinen verrückten Ideen und Zwischenrufen bestimmt viele Freundinnen und Freunde gewinnen, Tante Martha", beteiligte sich der kleine Kobold an dem Gespräch.

„Ich weiß genau, was du meinst", sagte daraufhin Tante Martha und zwinkerte dem kleinen Kobold verschwörerisch zu. „Ich mache Unsinn für die Schulklasse, bringe alle zum Lachen und in der ersten Stunde schon werde ich von eurer Lehrerin daran erinnert, dass ich eine ausgewachsene Kiebitzin bin, nicht mehr die Schulbank drücken muss, wobei eure Lehrerin sagen wird, nicht mehr die Schulbank drücken darf, dass ich mit meinem schlechten Beispiel ihre Bemühungen zunichte mache und dass ich sofort den Unterricht zu verlassen habe. Tja, und dann werde ich ihr zustimmen, dir und Priscilla noch eine letzte Umarmung geben und den Unterricht erleichtert davonflatternd verlassen."

Zu Hause

Was meinst du, Priscilla", wandte sich Tante Martha an Priscilla, „wie viel Zeit hätten wir, in der wir, abgesehen von der Lehrerin, Freude hätten, lachen dürften und alles Traurige und Bedrückende hinter uns lassen könnten?!"

Während sie so sprachen, waren sie weitergegangen, -gehüpft und -geflattert. Priscilla hüpfte nicht, Priscilla ging. Der kleine Kobold ging. Tante Martha, die Kiebitzin, hüpfte und flatterte, wie es sich für einen Spaßvogel geziemte.

Priscilla dachte nach. Wie lange es wohl andauern würde, alles Bedrückende und Traurige zu vergessen und einfach glücklich zu sein, heiter, unbeschwert und voller Lachen?! Herrlich, was für eine herrliche Vorstellung! Oh, ja, einmal wieder fröhlich sein, aus vollem Herzen lachen und unbändige Freude empfinden! Priscilla erinnerte sich wieder . . . Ja, es war möglich, sie hatte es schon erlebt, hatte in diesem Gefühl gebadet, geschwelgt, war darin abgetaucht und konnte nicht genug davon bekommen. Es gab einen Ort, da wohnte die Freude, da war die Liebe zu Hause. An diesen Ort sehnte sie sich zurück. An jedem Tag ihres Erdendaseins. Morgens, wenn sie bereits das Licht der Glühwürmchen nicht mehr benötigte und sich zur Ruhe begeben hatte, kehrte sie an diesen Ort zurück. Er war ihre wahre Heimat. Im Wachzustand war sie auf dieser Erde nur zu Gast, auf einer Mission, das fühlte sie deutlich. In ihren Träumen besuchte sie regelmäßig diesen verheißungsvollen, himmlisch friedlichen Ort der unauslöschlichen Liebe, mit der Gewissheit, dass alles stimmte.

Dann gehörte Priscilla die Freude! Priscilla war Freude und Freude war Priscilla! Glückseligkeit füllte sie aus, sie war zu Hause. Zu Hause, ein Ort so voller Schönheit und Weite. Raum, jede Menge Raum für Spiele, Freude und Sorglosigkeit. Hohe Berge, tiefe Ebenen, Gletscher, Sanddünen, Wasserläufe, Grün, soweit das Auge reichte. Nicht nebeneinander, nicht hintereinander, nein, alles gleichzeitig und auf ein Mal und zur selben Zeit. Hier, zu Hause, war alles möglich. Alles! Hier konnte sie fliegen und mit den Delphinen tauchen und lachen, ohne zu ersticken und hier konnte sie sich mit der Kraft ihrer Gedanken fortbewegen. Es war göttlich!!! Hier, zu Hause in der Wirklichkeit, war Priscillas Platz. Hier wollte sie sein, hier, nur hier! Jedoch, sie hatte sich auf das Abenteuer eingelassen, sie hatte zugestimmt. Sie hatte zugestimmt! Kurz bevor sie sich in den Wind der Geburt gelegt hatte, wurde sie gefragt: „Bist du bereit, als Deva auf der Erde einen Beitrag zu leisten, als Dienst an der Liebe?!“ Und dann, und dann sagte Priscilla nur glückstrahlend, laut und vernehmlich: „Ja, ich bin bereit!“ Und schon trug sie der Wind der Geburt davon, fort von zu Hause, fort von diesem freudvollen, lichtdurchfluteten Ort, an dem alles stimmte, fort von hier, wo die Liebe bestimmte. „Priscilla, bist du wach?!“, frug mit besorgter Stimme der kleine Kobold. „Priscilla, Priscilla, so sag' doch etwas!“, bettelte tief verstört der kleine Kobold. Er rüttelte dabei kräftig an Priscillas kleiner Schulter. „Don Juan, bist du das?! . . . Wo bin ich?! . . . Kleiner Bruder?!“

Genoveva

Priscilla, Priscilla, um Himmels willen, wach' bitte auf, ich bin es, der kleine Kobold, dein Bruder!" Priscilla schlug die Augen auf. Sie saß auf dem Waldboden, war zusammengesunken, in sich zusammengefallen. Für einen kurzen Moment hatte der Traum sie entführt, hatte ihr das Bewusstsein genommen und sie nach Hause begleitet . . .

Nun war sie wieder hier. Priscilla rieb sich die Äuglein, rappelte sich auf und während sie noch festen Stand unter den Füßen suchte, schaute sie bereits nach oben, wo sie Tante Martha davonfliegen sah. Tante Martha würde also nicht mit zur Schule kommen. Schade! Tante Martha hatte wohl zu lange auf Priscillas Antwort warten müssen, deshalb hatte sie sich in die Lüfte erhoben und war davongeflogen. So war Tante Martha! Blieb Priscilla eine Antwort zu lange schuldig, wurde Tante Martha ungeduldig, hüpfte von dannen oder flog davon. Dies belastete keineswegs das Verhältnis von Tante Martha und ihr, Priscilla. Tante Martha war frei zu tun, was ihr in ihr puschelgekröntes Köpfchen kam. Priscilla liebte sie dafür! Tante Martha zu treffen, sie zu sprechen und sich von ihren tolldreisten Ideen anstecken zu lassen, war immer ein Gewinn für sie, Priscilla und ihren Bruder, den kleinen Kobold. Ach, herrje! Der kleine Kobold! Hatte er sie nicht gerade aus ihren Träumen aufgeweckt?! „Fernando!", sagte Priscilla, „armer Fernando! Ist mit dir alles in Ordnung?!", frug nun ihrerseits besorgt, Priscilla den kleinen Kobold. „Priscilla, liebe Priscilla, ich bin in Ordnung, ich mache mir Sorgen um dich!“, sagte aufgeregt der kleine Kobold.

Er sah dabei seiner Schwester jetzt direkt in die Augen. Denn bis eben schaute auch er, den Blick in die Lüfte gerichtet, Tante Martha hinterher und sah, wie die kleine Kiebitzin hinter der siebenten Wolke von rechts die Richtung wechselte und vor der Krone der mächtigsten Eiche im Wald zum nächsten Waldgasthaus abzweigte.

Tante Martha war wirklich jemand Besonderes. Das war auch für den kleinen Kobold ersichtlich. Eben war sie noch hier, im nächsten Augenblick schon fort! Immer hinterließ sie eine Spur von Sternenglanz. Der Himmel wusste, wie sie das machte. Priscilla und ihm, dem kleinen Kobold, blieb das noch verborgen.

„Ach, dann bin ich erleichtert, mir fällt ein Stein vom Herzen! Ich bin froh, dass es dir gut geht, kleiner Kobold!“, sagte Priscilla.

„Puh, dann sind wir ja beide froh!“, sagte jetzt mit einem zuversichtlichen Lächeln der kleine Kobold. Er nahm die Hand seiner Schwester und gemeinsam schritten sie weiter.

Die Träume seiner Schwester ängstigten den kleinen Kobold sehr, hätte ihn jemand danach gefragt. Für Priscilla war das nichts, nichts, was sie beunruhigte, nichts, was sie ängstigte. Priscilla schien glücklich zu sein, wenn sie plötzlich still wurde, sich in sich zurückzog, langsam das Bewusstsein verlor und - wo sie gerade ging oder stand - zusammensackte. Es war eine Zuflucht für Priscilla, das konnte der kleine Kobold deutlich spüren. Deutlich spürte er auch die Nacht, die jeden Augenblick hereinbrechen konnte. Gute Nachrichten! Nicht, dass er etwas beitragen konnte zu der Dunkelheit, nein, das gelang ihm nicht. Und dennoch, die hereinfließende Nacht war aufregend! Der Weg zur Schule wurde jedes Mal mit einem beachtlichen Aufwand ausgeleuchtet, so dass keines der Kinder den Abzweig verpasste, der zur Schule führte.

Alle Kinder des Waldes gingen, so wie er, der kleine Kobold und Priscilla, seine Schwester, vor dem Aufleuchten des ersten Sternenlichtes zur Schule. Da war es am Sichersten für sie. Nachts waren nur die Tiere des Waldes, die Devas, Trolle und Kobolde unterwegs. Niemand störte die Eintracht des gedeihlichen Zusammenlebens, auf ihrer Seite des Waldes.

Es sei denn, es sei denn, es waren besondere Nächte. In besonderen Nächten trafen sich alle, aber auch wirklich alle Bewohnerinnen des Waldes auf dem Hexentanzplatz. Alle Geister aller Seelen, die jemals ihren Abdruck im Wald hinterlassen hatten. Dann kamen alle, alle, alle von beiden Seiten des Waldes, von hüben und drüben. Alle versammelten sich dort, wo seit Äonen der Versammlungsort der weisen Feen der Auenlandschaft war.

Ach, war das ein Reigen! Wunderschön anzusehen, alle die Feen, Koboldinnen, Devas, Mädchen, Drachen, Sternenwesen, Frauen und Erde-Bewohnerinnen. Und erst die Engel! Wer sie jemals sah, wird sie nie mehr vergessen, wird sie immer in der Nähe spüren. Sie tragen Kleider aus Licht und senden unablässig unermessliche Liebe aus. Die Strahlenfarben, die sie umgeben, sind Blau . . . Gelb . . . Rosa . . . Weiß . . . Grün . . . Tiefrot . . . Lila . . . Wasserblau . . . Gold . . . Orange . . . Türkis . . . Purpur . . . Erdbraun und . . . Die Farben der Engel sind leuchtend und zu Herzen gehend schön. Großartiger und prächtiger, als alles, was jemals geschaut wurde.

Der kleine Kobold hatte sich dereinst, als er, keck genug, die Versammlung heimlich beobachtete, hinter einem Strauch der Goldrute verborgen gehalten. Er hatte damals seine Schwester Priscilla bis zu dem ersten Wachtposten begleitet, ihr noch einen brüderlichen Kuss auf die Stirn gedrückt und sie die Wache passieren sehen. Er ging jedoch nicht nach Hause, sondern schlug, außer Sichtweite der Wache, einen Bogen um alle weiteren Wachtposten herum, bis er hinter dem Strauch der Goldrute einen geeigneten Beobachtungsposten gefunden hatte.

Das lag alles sehr, sehr lange zurück. Den kleinen Kobold fror es bei der Erinnerung an die Versammlung damals. Bei dieser Versammlung geschah es, dass aus Priscilla, seiner geliebten Schwester, dem Sonnenschein an seiner Seite, das bedrückte, ja tieftraurige Wesen wurde, das sie nun war.

Niemand konnte ihr helfen, niemand. Sie hatte in ihren Augen versagt, auf das Schmählichste versagt! Priscilla war seitdem nicht mehr die Selbe. Sie verlor ihren Mut, ihren Glauben und die Zuversicht an das Gelingen ihrer Mission. Der kleine Kobold wurde selbst ganz traurig, wenn er sich an die Versammlung damals erinnerte. Er hatte es seiner Schwester so sehr gewünscht, hatte ihr so sehr gewünscht, dass sie . . .

Nein, er wollte jetzt nicht mehr daran denken! Im Moment war nur eines wichtig: Zu verstehen, dass heute eine ganz gewöhnliche Nacht hereinbrechen würde, die auf ihrer Seite des Waldes alle Kinder zur Schule rief. Keine Versammlungen, keine Prüfungen, kein Leid! Und so war es!

Frieden

Und wie die beiden ihren Weg zur Schule fortsetzten, geschah das Wunderbare: Von Ferne, ganz von Ferne, wie der Hauch eines Hauches, aber dennoch vernehmbar, hörten sie es! Das war das Signal! Endlich! Wie lange hatten sie darauf gehofft, diesem Klang entgegengefiebert, sich diesem Ton entgegengesehnt?! Da war es wieder! Und noch ein drittes Mal! Juchhu! Juchhu! Juchhuuuuu!!! Sie hatten obsiegt! Trolle, Devas, Kobolde, die Bewohnerinnen und Bewohner ihrer Seite des Waldes, ja selbst die ehrwürdigen Schmetterlingstänzerinnen strömten herbei! Die Kinder versammelten sich, die Finken in den Lüften, Tante Martha, Gevatter Dachs, die Steine, die Meisen und der grollende Donner, die summenden Bienen und die warme Luft des dunklen Waldes. Die zwinkernden Sterne des Himmelsgewölbes über ihnen und selbstverständlich auch diejenigen, die in Mutter Erde, Lady Gaia, ihre Behausung hatten oder jene, die unter den Steinen der Bäume ihr Obdach fanden, waren voll freudiger Erregung.

Alle, alle strömten herbei, ließen stehen und liegen, was sie am Zusammenströmen hindern mochte und versammelten sich auf der Flugbahn vor der Musikwand.

Die Musikwand sprudelte bereits die ersten Neuigkeiten hervor, kaum, dass sich die ersten Eintreffenden vor ihr niedergelassen hatten. Die zuletzt eintreffenden Segelzahnbären, die die etwas beschwerlich sich fortbewegenden Leichtfüße auf ihren breiten Rücken trugen und ihnen damit das Fortkommen erleichterten, setzten diese vorsichtig ab und beide, Segelzahnbären und Leichtfüße, wurden von den schon Versammelten und daher mit den letzten Neuigkeiten bereits vertrauten Familienangehörigen über das Gehörte unterrichtet.

Und die Musikwand sprudelte und sprudelte . . . Der kleine Kobold und seine Schwester Priscilla hatten unterdessen bereits Platz genommen auf der Flugbahn vor der Musikwand. Sie mussten sich nicht die Hälse verdrehen, sondern lauschten und schauten bequem, teils freudvoll, teils erregt, vollkommen geborgen und eingebettet in die Gemeinschaft der Anwesenden, auf die Musikwand und deren klangvolle Nachrichten. Sie hatten obsiegt! Soviel war gleich zu Beginn deutlich geworden. Was nun folgte, waren Aufrufe an alle Bewohnerinnen und Bewohner auf dieser Seite des Waldes die Hand zu reichen, den Flügel, die Flosse, den Fühler und die Tatze, und, das war das allerwichtigste an allen Aufrufen der Musikwand aus Anlass dieser außergewöhnlichen Versammlung zur Schulzeit der Kinder und zur ideenreichsten Zeit der noch älteren Stammesangehörigen und Waldbewohner, den Unterlegenen die Liebe ihres Herzens zu schenken.

Bei diesem Aufruf wurde Priscilla ganz traurig. Sehr, sehr traurig! Wie gerne hätte sie alle auf der anderen Seite des Waldes in ihr Herz geschlossen, nein, sie hätte ihr Herz sogar gerne verschenkt! Sie hatte es doch versucht, so sehr gehofft, es würde gelingen, gelingen, dass sie mit der Liebe ihres Herzens ihre Mutter erlösen könnte. Ihre Mutter, die auf der anderen Seite des Waldes lebte.

Feuer und Wasser

Aber wie schmachvoll war sie, Priscilla, gescheitert, damals, bei der Versammlung aller weiblichen Wesen diesseits und jenseits des Waldes, damals, auf dem Hexentanzplatz?! Es bereitete ihr großen Schmerz, daran zu denken. Sie vermisste ihre Mutter. Vermisste sie sehr.

Das Gefühl der Trauer und die damit verbundene Ausweglosigkeit riss sie mit sich fort. Priscilla begann zu weinen. Zuerst weinte sie ganz leise, kaum hörbar, doch allmählich steigerte sich ihr Schluchzen in ein krampfartiges Beben, das ihren zarten Körper erschütterte.

Der kleine Kobold verstand. Er legte den Arm zärtlich um seine geliebte Schwester und versuchte auf diese Weise zu tun, was er vermochte. Stumm gab er ihr zu verstehen, dass er wisse . . .

Und während die beiden so tröstlich aneinandergeschmiegt saßen, beruhigte sich ganz allmählich Priscillas trauriges Herz.

Was war das?! Woher kam dieses Sirren?! Stimmte etwas mit der Flugbahn nicht?! Priscilla schaute ihren Bruder, den kleinen Kobold, an: Hatte er es auch gehört?! Da Fernando ihre Gedanken wahrnahm, nickte er stumm. Ja, er hatte es auch gehört. Das Sirren kam nicht von der Flugbahn, es war nicht Ausdruck der Nachrichten, die aus der Musikwand sprudelten. Woher vernahmen sie nur dieses Sirren?! Die anderen Versammelten schienen nichts zu bemerken. Ein Blick von

Priscilla und Fernando in die Runde um sie her machte deutlich, dass für die Übrigen alles so war, wie es war: Sie waren auf der Flugbahn vor der Musikwand versammelt, die ihrerseits alles Nötige über den Sieg und die Folgen für beide Seiten des Waldes bekanntgab. Da war keine Verwunderung, kein erstauntes Umherschauen zu bemerken. Fernando und Priscilla waren verwundert. Was sollten sie tun?! Das Sirren hielt unvermindert an und schien sie beiden irgendwie anzusprechen, ja, geradezu zu rufen! Das Sirren, nicht Ton, nicht Geräusch, nicht Stimme, eher eine Gewissheit, schien in Verbindung mit Priscilla und Fernando zu stehen. Und zwar nur mit ihnen. Was hatte das zu bedeuten?! Das Sirren rief sie eindeutig zu sich!!! Wie war das möglich?! Hier, die Versammlung aller Diesseitigen des Waldes und da, scheinbar getrennt von ihnen, aber dennoch unter ihnen, Priscilla und Fernando, die von einem sirrenden Etwas gerufen wurden:

„Priscilla, Fernando, kommt herüber, herüber

Zaget nicht und säumet nicht, kommt herüber, herüber

Das Himmelslicht, das Engelslicht, es zu Euch spricht, es zu Euch spricht

Kommt herüber, herüber"

Fernando und Priscilla fassten sich bei dieser sirrenden Aufforderung augenblicklich bei den Händen, standen im selben Moment auf und lösten sich von der Versammlung. Ohne sich noch einmal umzuschauen verließen sie, geschützt durch das Himmelszelt, Flugbahn und Musikwand und brachen auf. Brachen auf, um Folge zu leisten, der Süße der empfangenen Botschaft Folge zu leisten. Etwas, das so durchdringend und allumfassend ihrer beider Herzen ergriff, es wärmte, stärkte und mit grenzenloser Zuversicht erfüllte, durfte nicht missachtet werden. Erinnerungen wurden wach. Glückliche Erinnerungen. Priscilla jauchzte vor Seligkeit!!! Sie schwebte! Ja, sie schwebte tatsächlich! Alles war leicht, Freude und reine Wonne.

Träumte sie wieder?! Würde sie gleich aufgeweckt von Fernando, der sich besorgt über sie gebeugt hätte?! Fernando . . . Aber nein, er begleitete sie auf ihrem Flug, er schwebte ebenfalls! Sie wunderte sich nicht mehr! Priscilla sonnte sich in dem seligen Gefühl vollkommener Ruhe, ja, vollkommenen Friedens. Sie war so glücklich. Und sie träumte nicht! Sie schwebte im Sternenglanz einer warmen, ereignisreichen Nacht zusammen mit dem kleinen Kobold, ihrem lieben Bruder, über den Wipfeln der Baumriesen des Waldes ihrer Welt! Wer hätte das für möglich gehalten, als sie vor nicht allzu langer Zeit auf ihrem Schulweg auf Tante Martha gestoßen waren?! . . .

„Tante Martha!“, rief da plötzlich der kleine Kobold an ihrer Seite. Rief er oder dachte Priscilla, dass er riefe?! Nein, er rief tatsächlich nicht in einem herkömmlichen Sinne. Er sprach mit geschlossenem Mund. Er dachte und Priscilla konnte ihn hören! Für einen Moment war sie verwundert, sollte sie sich Sorgen machen über die Veränderungen der letzten Augenblicke?! War das alles nicht gar zu abwegig, was Fernando und sie gerade erlebten?! Dieses kurze Aufflackern eines ungeborenen Gedankens erzeugte prompt einen Widerhall in Fernandos Herzen. Er schwebte augenblicklich zu Priscilla, deren Hand er kurz zuvor losgelassen hatte, als er in der Baumspitze vor seiner Nase Tante Martha entdeckt hatte. Fernando hatte die großartigen Veränderungen, die mit ihnen beiden innerhalb des Zeitraumes eines Wimpernschlages vorgegangen waren, ebenfalls bemerkt. Er war für einen Augenblick, für den winzigen Moment eines winzigen Momentes überrascht und anschließend erfüllte auch ihn diese Leichtigkeit, dieser Frieden und das unbedingte Wissen, das für seine Seele alles zum Besten stand.

Fernando reichte Priscilla die Hand, lächelte sie glückstrahlend an und beide schwebten neben Tante Martha auf den Wipfel der eindrucksvollen Esche vor ihnen.

Tante Martha war ganz aufgeregt. Was diese Aufregung für das Gebaren ihres Puschels bedeutete, ahnen wir . . . Ja, das sirrende, eindringliche Wispern hatte auch sie gehört und war ihm bis hierher gefolgt.

Den dreien auf dem Baumwipfel wurde bewusst, dass dies alles ein ganz außergewöhnliches Geschehen war: Ein kleiner Kobold, eine Deva und eine Kiebitzin in trauter Einigkeit auf einer Baumkrone diesseits des Waldes sitzend, in einer sternenklaren Nacht, die sich auf nie gekannte Weise mit der Kraft ihrer Gedanken austauschten, ohne auch nur mit einem laut geäußerten Wort die sirrende Verheißung zu entweihen! So schwebten die drei weiter, leicht, glücklich und in dem tiefen Wissen, an einer ganz besonderen Mission Anteil zu haben.

Das Feuer! Da war es wieder! Das Aufflackern eines hellen, riesigen Feuers! Der Schein des Feuers brannte in ihren Augen. Und das, obwohl die drei noch gigantische Längen von diesem hoch aufgetürmten, feueratmenden Wall entfernt waren. Was hatte das zu bedeuten?! Während sie sich noch stumm wunderten, schwebten sie in grenzenlosem Vertrauen auf die lichterloh brennende Erscheinung zu.

Nun gewahrten sie, da sie unaufhörlich näher heranschwebten, unter sich das Große Wasser, das im Widerschein der lebendig hin und her hüpfenden Sterne vor Begeisterung glänzte. War das ein Strömen, Glitzern und Funkeln! Die drei hatten große Freude an dem Anblick des von der Mondin und den Sternen gleichermaßen beschienenen Wassers, und das Wasser augenscheinlich Freude an sich!

Das Feuer in der Ferne rückte näher heran, während Priscilla, Fernando und Tante Martha sich noch an dem Schauspiel des grandiosen Wassers unter ihnen labten. Welch eine Nacht!

„Sternenglanz und Wasserflut

Feuersbrunst und Elfenturm!

Wer befreit die Zwerge

Die Zwerge

Die Zwerge?!“

Die drei schauten sich unverwandt an: Hatten sie es alle vernommen?! Priscilla, Fernando und Tante Martha, inklusive ihres sehr bemühten Puschels auf ihrem Köpfchen, bestätigten sich mit einem Nicken, dass sie es gehört hatten. Das Sirren hatte zu ihnen gesprochen! Und wieder:

„Fliegt weiter, meine Kinder, fliegt weiter!

Fürchtet Euch nicht! Ihr seid sicher!

Fliegt nur weiter, Ihr werdet erwartet!"

Die Schönheit des Wassers unter ihnen schlug sie in ihren Bann, das Feuer, das unaufhaltsam näher und näher rückte, faszinierte sie ebenso sehr. So schwebten sie weiter, nickten dem Wasser dankbar zu und bewegten sich, ohne darüber nachzudenken, auf den Feuerschein vor ihnen zu.

„Priscilla, siehst du das goldene Tor inmitten des lodernden Feuers vor uns?!", sprach plötzlich der kleine Kobold seine Schwester an. Priscilla, die die Leichtigkeit und Freude ihres schwebenden Herzens mehr und mehr genoss, die sich bald drehte und wendete, bald nach unten glitt, nur um sich gleich darauf im Steilflug wieder Fernando und Tante Martha anzuschließen, schaute in die ihr gewiesene Richtung. Ja, das goldene Tor war nicht zu übersehen! Und . . . und . . . sie traute ihren Augen nicht: Da stand jemand auf der Brüstung des goldenen Tores . . . Es war, es war . . . Konnte das wahr sein?!

Auf dem kleinen Vorsprung über dem goldenen Tor, nur einen Steinwurf von Priscilla getrennt, stand Genoveva, ihre Mutter!!! „Fernando, Fernando, sieh doch, da ist Mutter!", rief Priscilla ihrem Bruder in Gedanken zu. Priscilla hüpfte das Herz vor Freude!

„Genoveva, liebe Mutter, du hier?! Hast du uns gerufen?! Wie hast du uns gefunden?!", dachte der kleine Kobold, den Blick auf seine Mutter gerichtet. „Ach, Kinder, das ist eine äonenlange Geschichte . . . Kommt herüber und befreit mich von meinen Fesseln, bitte!", dachte in sirrenden Gedankenwellen Genoveva in das Herz ihrer Kinder.

Und Tante Martha?! Wo war Tante Martha?! Sie flog doch gerade noch, Puschel voraus, vor ihnen her?!

Erwachen

Tante Martha war nirgendwo zu entdecken. Da war die sternenbeschienene Nacht, das erhabene, großartige Wasser unter ihnen und das Ehrfurcht gebietende Feuer vor ihnen, Tante Martha jedoch war nirgendwo zu erspähen.

„Fernando, Fernando, gib Acht!“, ließ sich plötzlich die gedankenvernehmliche, aufgeregte Stimme von Priscilla hören. Und tatsächlich, der kleine Kobold schwebte bereits auf die Feuer umloderte Gestalt seiner Mutter zu, die sengende Hitze missachtend und nicht sehend, dass bereits zwei Wesen aus dem prasselnden Feuer nach ihm griffen . . . Mit einem Mal ging alles sehr schnell: Die Häscher rissen den schwebenden und nur auf seine Mutter bedachten Fernando mit sich fort, das Feuer schloss sich hinter ihnen und die Gestalt Genovevas, die eben noch auf dem Mauervorsprung über dem goldenen Tor zu stehen schien, verblasste augenblicklich und entschwand.

Genoveva war fort, wieder einmal fort, Fernando im Feuer gefangen und Priscilla geriet, sich ihrer Lage augenblicklich bewusst werdend, in einer Aufwallung ihrer Gefühle, die aus höchster Verwirrung und unsäglichem Schmerz bestanden, ins Taumeln und trudelte ohne jeden Aufschub dem Wasser unter ihr entgegen.

Die Leichtigkeit und Freude ihres glücklichen Herzens wich einer trostlosen Stimmung, die sie augenblicklich schwer wie ein Kiesel nach unten sinken ließ.

Das Feuer vor ihr war so unvermittelt erstorben, dass Priscilla beinahe das Gefühl hatte, es nicht wirklich erlebt zu haben. Und doch hatte das Feuer ihren Bruder und ihre Mutter mit sich fortgenommen! Daran bestand kein Zweifel! Priscilla war nun ganz allein auf sich gestellt.

Priscilla war so elend zumute, dass sie weder weinen, noch flüchten konnte, sie ließ alles geschehen. Was konnte ihr jetzt noch Schlimmes widerfahren?! Ihr war alles einerlei.

Sie stürzte schwer wie ein kleiner Findling dem Wasser unter ihr entgegen. Ihre Mutter hatte sie verraten und ihr geliebter Bruder war gefangen von Wesenheiten, die aus dem Geschlecht derer von der anderen Seite des Waldes stammten . . .

Wenn sie nun gleich hart auf dem Wasser aufschlagen würde, wäre sie erlöst, erlöst von ihrem nicht enden wollenden Schmerz, von Verlust und Trauer. Priscilla war bereit. Es lohnte sich nicht mehr zu leben! Wofür auch?! Sie hatte alles verloren, was sie glücklich machte: Genoveva, ihre Mutter, ihren Bruder, den kleinen Kobold und ihre Selbstachtung! Dereinst, bei der großen Versammlung aller weiblichen Bewohnerinnen diesseits und jenseits des Waldes hatte sie, Priscilla, die Selbstachtung verloren. Sie hatte die Einweihung erhalten sollen, die Einweihung, die ihr einen Platz in der Reihe der Feen, Koboldinnen, Devas, Mädchen, Drachen, Sternenwesen, Frauen und Erde-Bewohnerinnen, eben aller weiblichen Wesen und aller bisher dagewesenen Seelen, zugewiesen hätte. Priscilla war gescheitert. Genoveva wurde für Priscillas Versagen in die Pflicht genommen und verantwortlich gemacht. Was immer auch

Priscilla in der Folge sagte oder unternahm, die Prüfung war fehlgeschlagen, die Einweihung nicht erfolgt und Genoveva verbannt!

Wie sollte Priscilla mit dieser Last leben?! In einer anderen Welt, in einer anderen Zeit, gab es das nicht! In dieser anderen Welt, in dieser anderen Zeit gab es keine Prüfungen, kein Verurteilen, keine Strafen und keinen Kummer.

„Mutter, liebe Genoveva, warum hast du mich nicht dort gelassen, warum musste ich mit hierherkommen?!“, dachte Priscilla, als ihr innerer Aufruhr seinen verzweifelten Höhepunkt erreichte. Aber ach, sie hatte sich ja selbst, aus freien Stücken und fröhlich dieser Welt gestellt, damals vor ihrer Abreise, als sie sich in den Wind der Geburt gelehnt hatte. Genoveva konnte nichts dafür. Sie, Priscilla, hatte sich gefreut, wieder hierherzukommen. Damals, damals, war sie voller Begeisterung, hatte sich ein Ziel gesetzt und war voller Tatendrang aufgebrochen. Sie war fest entschlossen, ihren Beitrag zu leisten. Hier, in dieser Welt!!!

Im Aufwind dieser kräftigenden Gedanken, die von der Erinnerung an unbändige Freude und Zuversicht begleitet wurden, glitt Priscilla dem mächtigen Wasser entgegen. Ja, richtig, sie glitt! Sie raste nicht mehr wie ein fallender Stein auf das Wasser unter ihr zu! Sie nahm wieder das leichte Schweben an. Priscilla fühlte sich wie von einem Luftpolster getragen, ja, von einem unsichtbaren Luftpolster gehalten! Sie konnte es fühlen, das Gehaltensein war spürbar. Sie beschenkte sich selbst mit einer neuen Leichtigkeit des Herzens, der sie sich bedingungslos anvertraute. Priscilla schwebte bewusst den Sternen entgegen.

Timotheus

Sie alle, Priscilla, Genoveva, Fernando und Don Juan, ihr Vater, hatten sich in dieser Welt etwas vorgenommen. Sie hatten eine Aufgabe angenommen.

In der Welt, in der Zeit, aus der sie alle kamen, war alles leicht. Licht, Freude, Frieden und unermessliche Liebe durchströmte alles Lebendige. Hier in dieser Welt und in dieser Zeit hatte Priscilla alles, aber auch alles, bisher als schwer und niederdrückend empfunden. Vieles, wenn nicht alles, war schnell auf Abwege geraten, hatte sich selbstständig gemacht, war um einen Baum, einen Grashalm oder eine Ansammlung von Erdsternen gebogen und war als unlösbare Prüfung wieder auf sie zugekommen. Das gehörte nun der Vergangenheit an! Priscilla war frei!

Priscilla folgte einer Eingebung und ersann einen Plan. Sie würde handeln. Priscilla würde sich mutig und zuversichtlich dem Plan anvertrauen und ihre Aufgabe in dieser Welt, den Auftrag, den sie angenommen hatte, Schritt für Schritt erfüllen.

Sie würde sich wieder erinnern. In diesem Moment schüttelte sie die letzten Belastungen aller jemals empfundenen Schwere endgültig von sich ab, sog mit der nächtlichen Klarheit ebensolche Entschlossenheit ein und schwoll an vor Kraft. In dieser ganz besonderen Nacht hatte sich Priscilla einer entscheidenden Wandlung anvertraut. Ihr neues Erleben war wie ein neues Kleid. Dieses Kleid war in ihr und füllte ihr Wesen vollständig aus. Priscillas inneres Kleid war leicht und bunt und unwiderstehlich sonnenbeschienen. Sie fühlte sich großartig! Sie war stark und fühlte sich beschenkt. Sie wurde von einer höheren Macht, die größer war als sie selbst, geführt und auf Kurs gehalten. Und gleichzeitig war sie selbst Bestandteil dieser höheren Macht. Nichts konnte ihr etwas anhaben! Das wusste sie nun. Sie hatte gewählt. Aus Priscilla, der Leidgeprüften und Schmerzerfüllten, war Priscilla geworden! Priscilla war auf ihrem Weg. Endlich!

„Wie sollen wir deinen Bruder und Genoveva also befreien, Priscilla?!“, erhob Tante Martha ihre unverwechselbare Stimme mitten in Priscillas Herz.

„Tante Martha!“, rief glückstrahlend Priscilla. Tante Martha war schon eine ganze Weile in Priscillas Nähe geflogen, hoch oben, in den Lüften, über dem erhabenen Wasser. Tante Martha war nicht entgangen, dass sich in Priscilla eine große Veränderung, eine entscheidende Wandlung vollzogen hatte. Auch Tante Martha begrüßte das neue innere Kleid von Priscilla. Sie freute sich mit Priscilla über deren ihr neu zugewachsenen Kräfte.

Priscilla und Tante Martha tauschten sich augenblicklich, wie es ihnen mittlerweile zur gewohnten Natur geworden war, mittels Gedankenkraft über die neuesten Neuigkeiten aus. Tante Martha war, kurz bevor Fernando von den Häschern seiner Mutter in Bann geschlagen wurde, auf den abgebrochenen Ast einer Buche zugeflogen, die unter ihnen auf dem von der Mondin beschienenen Wasser trieb. Der große Ast jener Buche hatte Tante Martha so eindringlich herbeigerufen, dass Tante Martha nicht widerstehen konnte und ihrer Neugier folgte, ohne das Spektakel des Feuerwalls, Genoveva auf dem Mauervorsprung des goldenen Tores, samt des Verschwindens der ganzen Kulisse, eingeschlossen des kleinen Kobolds, aus dem Blick zu lassen.

Der Ast der Buche, der auf dem nächtlichen Wasser trieb, habe wichtige Neuigkeiten für Priscilla, so sagte er Tante Martha. Er wolle ihr das sehr gerne selbst berichten und bat Tante Martha, Priscilla zu ihm zu führen. Tante Martha war eine freie Natur und traf ihre eigene Wahl. Sie tat sehr gerne anderen einen Gefallen, sofern dieser Gefallen mit ihren eigenen Wünschen in Einklang stand. In diesem Fall brauchte sie nicht lange in sich hinein zu spüren: Da sie ohnehin an einer Mission Anteil hatte, was schon aufregend genug war, konnte es nur hilfreich sein weitere Erfahrungen zu sammeln und Priscilla zu dem Buchenast zu begleiten, um zu sehen, welche Wendung sich daraus ergeben mochte . . .

So hatte sich Tante Martha wieder in die Lüfte erhoben, um zu Priscilla aufzuschließen, die nach einem beachtlichen Verlust an Höhe wieder Auftrieb gewonnen hatte und - so erschien es Tante Martha - nun den Sternen einen Besuch abstatten wollte. Ihr Puschel hatte dafür nur eine Bemerkung: Ungestümes Auf- und Niedersausen auf Tante Marthas winzigem Köpfchen, zur Bestätigung und Anfeuerung von Priscilla! Priscilla und Tante Martha hatten derweilen die luftigen Höhen verlassen und waren dem Großen Wasser und dem Buchenast wieder sehr viel näher gekommen. „Möchtest du nicht ein Stück mit mir mitkommen, liebe Priscilla?! Und dich, liebe Martha, lade ich ebenfalls ganz herzlich ein, eine

Weile auszuruhen und mit mir auf dem Großen Wasser zu treiben“, ließ sich der Ast der Buche vernehmen.

Priscilla und Tante Martha verabredeten sich stumm über die soeben erhaltene Einladung und nahmen diese dankbar an. Tante Martha segelte zuerst, Puschel aufgeregt voran, beinahe im Sturzflug auf die höchste Stelle des Astes und machte es sich auf einem blattreichen Zweig bequem.

Priscilla schwebte langsamer näher und kam unmittelbar neben Tante Martha zum Sitzen. Eine ereignisreiche Nacht! Priscilla schwirrte ein wenig der Kopf. Sollte sie sich Sorgen machen?! Nein! Die Sorgen gehörten der Vergangenheit an und waren nicht mehr wirksam. Sie, Priscilla, hatte vor wenigen Augenblicken so viel Zuversicht und Vertrauen erlangt, hatte, einer Schlange gleich, ihre alte Haut abgestreift, dass sie sich neu und frisch fühlte. Das war ihre tief empfundene Wahrheit, dass diese wundersame Leichtigkeit, dieses grandiose Licht, das in ihr entzündet worden war, nun für immer in ihrer Seele wohnte und sich dort ausbreitete. Priscilla sorgte sich nicht mehr, sie lebte! Priscilla schaute sich um: Sie war sicher und geborgen, saß auf einem mächtigen Buchenast, der seinerseits im von der Mondin beschienenen und nächtlich sternenbeglänzten Wasser trieb und neben ihr saß Tante Martha, alles war gut! Sie befand sich mitten in einem Abenteuer! Sie hatte ihre Mutter verloren und ihren Bruder vor ihren Augen verschwinden sehen, ha! Das war wie für sie, Priscilla, geschaffen! Sie würde ihre Mutter finden und ihren Bruder, den kleinen Kobold, befreien! Und das würde ihr gelingen!!! So sicher, wie Tante Martha neben ihr saß und der Buchenast unter ihr auf dem Großen Wasser trieb!

Der Himmel war mit Priscilla, der Himmel befand sich in Priscilla! Priscilla wusste das, nein, sie fühlte das deutlich. Die Gewissheit, dass sie unermesslich geliebt wurde, füllte ihr Sein vollkommen aus und ließ sie tief beglückt die Augen schließen. Priscilla hatte sich eine Aufgabe gestellt. Sie würde ihren Bruder und ihre Mutter wiedersehen!

Voller Tatendrang richtete sie sich auf, nickte zu Tante Martha hinüber und sprach zu dem Buchenast: „Vielen herzlichen Dank lieber Weggefährte für deine Großzügigkeit uns, Tante Martha und mich, zu dir einzuladen und uns eine Rast zu gönnen."

„Oh, das ist sehr gerne geschehen, sehr gerne", rollte tief aus seinem Inneren der Buchenast. Der Buchenast war so groß, dass er leicht für einen vollständigen Baum gehalten werden konnte, so viele Zweige und Verästelungen hatte er. Der Baum, aus dem er herausgebrochen war, hatte viele hundert Erdenjahre für seinen Wuchs und sein Gedeihen aufgewendet. Der Bauch des Baumes, aus dem der Buchenast stammte war sehr, sehr umfangreich gewesen. „Gevatter Buchenast, wie darf ich dich ansprechen, hast du einen Namen von den Deinen erhalten?!", frug Priscilla gerade den beeindruckenden Buchenast.

„Du darfst mich Timotheus nennen, liebe Priscilla", ließ sich der Buchenast freundlich vernehmen. „Das werde ich gerne tun, Gevatter Timotheus. Timotheus, kannst du uns sagen, was wir gerade gesehen haben, ich meine den Feuerwall, meine Mutter Genoveva auf dem Mauervorsprung über dem goldenen Tor inmitten des Flammenmeeres und dann die plötzliche Ergreifung meines Bruders?! Was hat das zu bedeuten?! Und dann der himmlische Ton, das Sirren, das unwiderstehliche Sirren in der Luft dem Fernando, Tante Martha und ich hierher gefolgt sind. Mir war, als erhielten wir eine Botschaft direkt von den Engeln! Was hat das alles mit den Zwergen und einer Befreiung der Zwerge zu tun?! Ich möchte meine Mutter und Fernando, den kleinen Kobold, meinen geliebten Bruder wiedersehen. Was kann ich dafür tun?!"

Das war die längste Rede, die Priscilla jemals in ihrem Leben gehalten hatte! Sie war selbst ganz ergriffen von ihren klaren, entschlossenen Worten. Jetzt atmete sie wieder ruhig und wartete.

Rosalia

Timotheus raschelte mit seinem dichten Blattwerk - es kam einem Räuspern gleich, sodass Tante Martha, die sich auf Erkundung befand und ein wenig auf Timotheus herumspaziert war nun wieder neben Priscilla einschwebte - und sprach dann langsam und bedächtig zu Priscilla: „Liebes Kind, ich werde dir alles offenbaren, was du zu erfahren wünschst. Unter einer Bedingung: Erwähne nicht mehr die Zwerge!“

Die Antwort von Timotheus überraschte Priscilla. Sie wollte unbedingt ihre Mutter wiedersehen und ihren geliebten Bruder befreien - und das alles um den Preis des Verschweigens der Zwerge?! Die Zwerge waren auf der anderen Seite des Waldes zu Hause, sie waren seit heute Abend . . . Ihre Gedanken rasten, aber ihr Herz war ruhig, voller Vertrauen und samtweich. Sie schob die Gedanken beiseite und vertraute der Stimme ihres Herzens.

„Ja, Timotheus, so lange es erforderlich ist, werde ich die . . .“ und hier holte sie tief Atem, „nicht mehr erwähnen. Doch nun berichte, was darf ich wissen, um Klarheit zu erhalten?!“

„Ich freue mich, liebe Priscilla, über dein Vertrauen. Also, höre: Vor langer, langer Zeit geschah es, dass ein Wald geboren wurde. Der Wald war stark und dicht belaubt und voller Licht, das durch die Blätter seiner Bäume auf den Waldboden fiel. Der Wald beherbergte an seinem Fuße viele Pflanzen und Tiere und in seinen Ästen und Zweigen allerlei fliegendes und kriechendes Volk. Der Wald konnte zufrieden sein; mit einer stattlichen Anzahl an vielfältigen Bewohnerinnen und Bewohnern konnte er sich einen reichen Wald nennen. Jedoch, dem Wald fehlte etwas Entscheidendes, um sich einen glücklichen Wald nennen zu dürfen. Er war schön anzusehen und eine Labsal für die Wesen, die in ihm bereits Nahrung, Obdach und Schutz gefunden hatten. Ihm fehlte jedoch das Alte Volk. Aber das wusste der Wald nicht.

Eines Tages betrat eine junge Elfe das einladende, lichtdurchflutete Reich des freundlichen Waldes.

„Ich grüße dich, holde Fee und heiße dich herzlich willkommen!“, begrüßte der junge Wald die Besucherin.

„Ich bin keine Fee, lieber Wald, ich bin eine Elfe. Ich werde von den Meinen Rosalia geheißen“, erwiderte die Angesprochene.

„Du musst entschuldigen, Rosalia, ich bin noch nicht lange auf der Erde heimisch, verzeihe mir also bitte meine Unkenntnis über deine Abstammung“, entgegnete daraufhin der Wald und verneigte sich bei seinen Worten tief vor Rosalia, so tief, dass er sie an ihrer klitzekleinen Nase kitzelte, als er mit einer seiner Baumkronen ihr Gesichtchen sanft streifte. „Oh, du hast nichts getan, lieber Wald, diese Verbeugung wäre nicht nötig gewesen. Darf ich mich denn ein wenig bei dir umsehen?!“, sagte versöhnlich die kleine Elfe. „Sehr gerne, meine liebe Rosalia, schaue dich um, mache dich mit allen bekannt und verweile bei uns, so lange du hier glücklich bist", sagte der junge Wald, richtete seine Baumkronen wieder in den Himmel und ließ die Sonnenstrahlen auf sein schönes Blattwerk fallen.

So schlossen die Elfe Rosalia und der junge Wald Freundschaft. Rosalia blieb im Wald. Sie schaute hier und dort nach dem Rechten und sprach den Kräutern, Blumen und Blüten sowie den Gräsern auf den Lichtungen aufmunternde Worte zu, wenn sie krank oder vom Regen arg mitgenommen und vom Wind zerzaust waren.

Wo immer Rosalia im Wald auftauchte wurde sie freundlich empfangen und herbeigesehnt, gerade dann, wenn Kräuter kummervoll waren oder die schönsten Blüten des Waldes ihre Farbe verloren hatten, die der lang anhaltende Regen ausgewaschen hatte. Rosalia wusste zu schützen und zu heilen. Sie war wohl angesehen unter den Grashüpfern, Käfern und Steinen. Ihr Wissen und Wirken wurde bei den blühenden, duftenden, fliegenden und erdverbundenen Geschöpfen des Waldes dankbar angenommen. Rosalia war die hoch schwingende Freude und der bunte Trost des Waldes und aller Wesen, die dort ihre Heimstatt fanden.

Eines Tages, der Wald war inzwischen herangewachsen, näherte sich ihm eine Ansammlung von Zwerginnen und Zwergen. Es waren ihrer gar viele. Alle hatten ein geschnürtes Ränzlein über den Rücken geworfen und zogen einer hinter der anderen her.

Und so gelangten sie an das Bächlein, das den Wald von der Ebene trennte.

Sonia

Hier machten sie Rast, bildeten einen Kreis und besprachen, was zu tun sei. Einer der Zwerge, der Kleinste, trat in die Mitte des Kreises und sprach als Erster: „Liebe Freundinnen und Freunde, nun sind wir schon so lange unterwegs. Wir wandern seit vielen Sommern und noch mehr Wintern umher, seit wir unseren letzten Aufenthaltsort verlassen haben. Hier soll nun unser Platz sein. Hier wollen wir heimisch werden."

Die ihn umringenden Zwerginnen und Zwerge schauten sich um, schauten auf das silberhell klingende Bächlein vor ihnen und auf den festlich verfärbten Herbstwald dahinter, stimmten dem Kleinen in ihrer Mitte zu und setzten sich dankbar murmelnd nieder.

Der Wald und Rosalia schauten aus einiger Entfernung auf die sich langsam bewegende und sichtlich erschöpfte Schar der Zwerginnen und Zwerge vor ihnen, die jenseits des Bächleins, in unmittelbarer Nachbarschaft des Waldes, ihren Platz suchten.

Plötzlich trat ein Wichtel aus der Schar der Zwerginnen und Zwerge hervor, stellte sich auf das überirdische Wurzelwerk der edlen Eberesche, die im vergangenen Sturm gefallen war, gerade so, als hätte er es nötig, sich Respekt durch die erhöhte Lage verschaffen zu müssen und rang um die Aufmerksamkeit der Lagernden, indem er mit den Ärmchen hin und her schwang. Die Zwerginnen und

Zwerge gewahrten nicht sogleich das Anliegen des Wichtels sprechen zu wollen, sondern waren damit beschäftigt ihre Ränzlein von den müden Rücken zu nehmen und sich auszuruhen.

Rosalia und der Wald sahen interessiert zu der Versammlung hin, die sich am anderen Ufer des Bächleins vor ihnen so unerwartet eingefunden hatte.

Langsam kehrte Ruhe in die Runde der murmelnden Reisenden ein. Sie sahen nun den Wichtel, der offensichtlich ihre Aufmerksamkeit suchte und schauten aufmunternd und erwartungsvoll zu ihm hin.

Eine Zwergin rief ihn an: "Was gibt es, Gevatter Wichtel, was drückt dich, das du uns mitteilen möchtest?! Bitte fasse dich kurz, wir sind müde und wollen etwas ausruhen, bevor wir uns eine Behausung suchen und in die Umgegend ausschwärmen!"

„Liebe Sonia", sagte daraufhin der Wichtel, „ich bin ebenso erschöpft wie alle anderen, deshalb sei versichert, dass ich nicht länger sprechen werde, als erforderlich." Der Wichtel war nach Art der Wichtel erschaffen; er hatte Füßchen wie Hagebutten, einen Körper wie von zwei Rosskastanien und trug einen fein gewirkten Spitzhut aus den Früchten der schlanken Erle.

Rosalia und der Wald wurden immer neugieriger und waren gespannt, was als Nächstes geschehen würde. „Es schmerzt mich daran erinnern zu müssen, was ich jedoch als meine Pflicht angenommen habe, dass wir ein Gelübde abgelegt haben, bevor wir uns auf die Reise machten und das wir nun, da wir am Ziel angekommen sind, einlösen werden. Ich erinnere euch daran, dass wir eine Elfe in unseren Kreis bitten dürfen, um von ihr die fehlenden Unterweisungen zu erhalten, die wir für unsere weitere Entwicklung benötigen. Eine Elfe soll unsere Meisterin sein. Wenn wir eine Elfe für uns gewonnen haben, werden wir frei sein. So lautet das Gelübde!“

So sprach der Wichtel Feuerstein zu den fassungslosen Zwerginnen und Zwergen. Diese schauten sich sorgenvoll an. Oh, ja, sie erinnerten sich jetzt allmählich wieder. Ihr Aufbruch und das Erreichen des Zieles war an ein Gelübde gebunden: Wenn sie wirklich ankommen wollten, wenn sie die Wahrheit erfahren wollten, mussten sie eine Elfe als Lehrerin, als Meisterin, in ihre Mitte bitten.

Was sollte nun werden, wie konnten sie das Gelübde erfüllen?! Die Zwerginnen und Zwerge waren ratlos! Sie schauten sich an, nickten stumm und zuckten mit den Achseln, wie zum allgemeinen Eingeständnis ihrer hoffnungslosen Lage.

Eine Elfe als Lehrmeisterin! Was sollten sie nur tun?! Die Zwerginnen und Zwerge waren, wie sie waren und die Elfen, die Elfen waren ihrerseits, wie sie nun einmal waren! Wie, um Himmels willen, sollten Zwerginnen und Elfen zusammenfinden?!

Das war undenkbar, wie konnten sie nur dieses Gelübde ablegen?! Ja, sie wussten es wohl, sie waren verzweifelt, damals, als sie ihr angestammtes Gebiet verließen und in die Ferne, das Unbekannte aufbrachen, um sich ein neues Zuhause zu schaffen. Wo immer das auch sein mochte . . . Und damals hatten sie das Gelübde abgelegt. Sie waren verzweifelt gewesen! Damals! Aber nun, nun waren sie angekommen, angekommen am verheißenen Ort. Der Himmel zu ihren Häupten und die Erde zu ihren Füßen ließen ein Bächlein vor ihnen munter springen und der angrenzende Wald bot alles, was sie sich nur wünschen konnten. Vielleicht sogar die Wahrheit. Es stand alles zum Besten. Warum sollten sie sich an das Gelübde erinnern oder sich gar daran gebunden fühlen?! Jetzt, da sie am Ziel angekommen waren?!

Diese und ähnliche Gedanken spiegelten sich auf vielen der Gesichter der Zwerginnen und Zwerge, in die Rosalia und der herbstliche Wald, nunmehr zum Bersten gespannt, blickten.

Was hatte das alles zu bedeuten?! Rosalia und der Wald konnten sich keinen Reim darauf machen.

Während die beiden lauschten und alles beobachteten, war Rosalia leise, ganz leise, immer weiter ein kleines Schrittchen nach vorne geschwebt. Grashalm um Grashalm, Schafgarbe um Schafgarbe glitt sie näher auf das Bächlein zu, das sie und den Wald von der aufgewühlten Schar der Zwerginnen und Zwerge trennte.

Der Wald bedeckte kaum noch den Boden vor ihr mit seinen tief hängenden Zweigen, um sie verborgen halten zu können. Rosalia bemerkte es nicht. Wie magisch angezogen von den außergewöhnlichen Wesen vor ihr, strebte sie näher und näher heran. Sie verstand sich selbst nicht mehr. Sie näherte sich unaufhaltsam, schwebend, das Bächlein überquerend, hüpfend und fröhlich. Eine Stimme in ihrem Inneren sagte ihr, dass diese Zwerginnen und Zwerge vor ihr, von denen sie nur noch durch einen Atemzug getrennt war, untrennbar zu ihrem Schicksal gehörten. Mit einer letzten tänzelnden Drehung landete sie behände neben dem Wichtel Feuerstein, der als Letzter gesprochen hatte und die Schar der Versammelten mit seiner Rede aufgewühlt hatte.

„Gevatter Wichtel, was hat das zu bedeuten, wer seid ihr, was tut ihr hier am nahen Wald?! Oh, entschuldige, ich bin unhöflich! Ich bin Rosalia, die Elfe des Waldes, den ihr dort vor euch seht."

So sprach Rosalia den Wichtel Feuerstein an und neigte ihm zur Begrüßung das Köpfchen, kreuzte die Hände vor der Brust und schlug für einen kurzen Augenblick die Augen nieder. Ihre zarten Flügel schwirrten leicht in der Luft und hielten sie schwebend.

Der Wichtel Feuerstein war sprachlos. Das hatte er noch nie erlebt! Eine Elfe, eine wahrhaftige, eine wirklich und wahrhaftige Elfe schwebte vor ihm, grüßte ihn formvollendet und war interessiert am Schicksal der Zwerginnen und Zwerge! Ein Wunder war geschehen. Seine Fassungslosigkeit, die ihm eben noch die Sprache verschlagen hatte, wich einer unbändigen Freude! Er riss die Arme hoch, reckte das Köpfchen gen Himmel und drehte sich mehrmals um sich selbst. Seine Jubelrufe waren laut und herzlich: „Hurra, hurra, hurra!", rief er immer wieder und vollführte einen Tanz, der seinesgleichen suchte. Er war so außer sich vor Freude, dass er seinen Spitzhut dreimal in die Luft warf und wieder auffing. Welche Freude durchströmte den Wichtel! Er wusste gar nicht mehr, wie viele Jahrhunderte es zurücklag, dass er sich so wohlgefühlt hatte, ja, so befreit!!! Rosalia stand derweilen dabei und ließ sich von ihrer eigenen tief empfundenen Freude mitreißen, die in ihr aufgestiegen war, als sie den Wichtel Feuerstein so außer sich vor Glück sah. Rosalia weinte Tränen der Rührung.

„Oh, liebe Rosalia, du weinst, was ist dir, meine Liebe?!", sagte plötzlich besorgt der Wichtel Feuerstein, abrupt in seinem Freudentanz innehaltend, als er ihre Tränen sah.

„Mir geht es gut, lieber Feuerstein, wirklich, mir fehlt nichts. Sagst du mir bitte, warum du so voller Freude und Begeisterung bist, seitdem ich mich dir vorgestellt habe?!", wünschte Rosalia zu wissen.

Derweilen rückten die Zwerginnen und Zwerge immer näher auf den Wichtel zu und frugen einander besorgt, was wohl in ihn gefahren sein mochte, dass er sich wie toll aufführte, ohne ersichtlichen Grund! Und jetzt sprach er auch noch mit sich selbst und gab sich den Anschein, als stünde jemand vor ihm, zu dem er sprach! Die Zwerginnen und Zwerge kamen zu dem Schluss, dass der Wichtel in ihrer Mitte aus dem Gleichgewicht geraten sein musste, nach allem, wie er sich gebärdete. Sonia, die Kühne, fasste den Entschluss Klarheit in die allgemeine Verwirrung zu bringen. „Gevatter Wichtel, was ist dir, dass du dich wie toll aufführst, Freudenrufe ausstößt und deinen Hut in die Luft wirfst?! Hast du einen Fliegenpilz gekostet und bist nun berauscht von der Wirkung?! Warum lässt du uns nicht zur Ruhe kommen und rasten?! Eben beunruhigst du uns noch mit der Erinnerung an das Gelübde und nun lachst du unvermittelt, sodass wir wieder Sorge haben! Erkläre dich bitte, Gevatter Wichtel!", forderte ihn die Zwergin Sonia deutlich, wie es ihre Art war, zu sprechen auf.

„Meine liebe Sonia", hub daraufhin der Wichtel Feuerstein zu sprechen an, „siehst du denn nicht, mit wem ich spreche?! Siehst du nicht, dass die Einlösung unseres Gelübdes unmittelbar vor mir schwebt?! Sonia, sieh doch, hier ist Rosalia, unsere Retterin und Lehr . . ."

Alle weiteren Worte des Wichtels gingen in dem nun hereinbrechenden Sturmesbrausen unter. Der Wind zerrte an den Blättern des nahen Waldes, schwang dessen Äste und Zweige in ruckartigen Wellen hin und her, bog die zartesten Zweiglein in alle Richtungen und zerriss jedes Wort, das noch den Mut hatte, sich aus der Kehle des Wichtels zu entringen.

In diesem Moment fuhr auch schon ein Blitz zwischen Rosalia und den Wichtel Feuerstein. Jetzt ging alles sehr rasch. Rosalia nutzte die Hitzewelle und zischte mit ihr in Richtung des nahen Waldes. Sie ritt begeistert auf der enormen Energie des vergehenden Blitzes und jauchzte vor Vergnügen über die immense Geschwindigkeit, mit der sie fortgetragen wurde.

Lady Gaia

Rosalia liebte den schnellen Wechsel der Geschehnisse! Eben war sie noch mit dem Wichtel Feuerstein im Gespräch und im nächsten Augenblick sauste sie auf den starken Schwingungen eines Blitzes auf und davon.

Gerade setzte ein Regen ein, der die überraschte Schar der Zwerginnen und Zwerge in Bedrängnis brachte. Dicke Tropfen prasselten auf sie hernieder.

Und während die Zwerginnen und Zwerge noch fieberhaft nach einem sicheren Unterschlupf suchten, bevor ihre zurückgelassenen Ränzlein vollständig durchnässt sein würden, wobei einige bereits davon zu schwimmen drohten, sprang der Wichtel Feuerstein beherzt in eine vorbeitreibende Nussschale und lenkte seinen Nachen in Richtung des nahen Waldes, in dem Rosalia, auf dem zuckenden Blitz reitend, im bunten Laub verschwunden war . . . "

„Halt, Timotheus, halt, bitte!", sagte da plötzlich Priscilla mitten in die Berichterstattung des mächtigen Buchenastes Timotheus hinein. „Bitte verzeihe mir, wenn ich dich unterbreche, lieber Timotheus, aber ich verstehe nicht, was die Geschichte mit meiner Mutter Genoveva und meinem lieben Bruder, dem kleinen Kobold, zu tun hat. Die Nacht schreitet voran, der kommende Tag ist nicht mehr fern und eine wachsende Unruhe breitet sich in mir aus. Sage mir bitte, wie ich meinen Bruder und Genoveva befreien kann! Bitte hilf mir und zeige mir den Schlüssel für ihre

Rettung“, bat ihn Priscilla und deutete auf die leere Stelle neben sich, wo eben noch die treue Tante Martha gesessen hatte.

„Verzeihe mir, gutes Kind“, erwiderte daraufhin reumütig der Buchenast. „Ich war so lange ohne Gesellschaft, dass ich mich in der guten Absicht, ausführlich alle Begebenheiten zu berichten, habe mitreißen lassen von der Vergangenheit und abgeschweift bin. Du hast vollkommen Recht, in wenigen Stunden bricht der neue Tag an. Ich beschränke mich nun auf das unabdingbar Notwendige und sage dir dies: Rosalia ist deine Ur-Ur-Ur-Ahnin. Sie hätte die Zwerginnen und Zwerge retten können, was sie sicher auch getan hätte, wenn damals nicht der Sturm wie aus dem Nichts heraufgezogen wäre und die Versammlung mit einem Blitz und dem einsetzenden Regen aufgelöst hätte.

Nach Rosalias Entschwinden hatten die Zwerginnen und Zwerge die Wanderschaft wieder aufgenommen und waren fortgegangen. Der Wichtel Feuerstein fehlte ihnen, da er sie nicht mehr an das Gelübde erinnern konnte. Er suchte Rosalia. Die Zwerginnen und Zwerge vergaßen im Verlaufe ihrer Wanderschaft, dass zur Erfüllung ihres Schicksals die Einweihung durch eine Elfe geboten war, die ihnen aus freien Stücken und ihrem mit allem verbundenen, liebenden Herzen aus ihrer Begrenzung heraushalf und das Licht in ihnen entzündete, damit sich ihnen die Wahrheit offenbare. Die Zwerginnen und Zwerge ließen sich irgendwann nieder.“
„Timotheus, bitte, du verlierst dich aufs Neue!“, gemahnte ihn Priscilla drängend. Bevor der Buchenast noch mit tief empfundener Zerknirschung zustimmen und

Besserung geloben konnte, nahm Priscilla wahr, dass sich Tante Martha über Gedankenkraft bei ihr bemerkbar machte.

„Priscilla, meine Liebe", gab ihr Tante Martha zu verstehen, „komme hier herüber und spüre in diesen besonderen Ort hinein. Verlasse Gevatter Timotheus, bedanke dich bei ihm für seine Gastfreundschaft und komme zu mir herüber."

Priscilla tat, wie ihr geheißen. Sie bedankte sich aufrichtig bei Timotheus, sparte nicht mit Anerkennung für seine wohlmeinenden Ausführungen und schwebte in die Richtung, aus der Tante Martha ihr den Strahl der Orientierung sandte.

Tante Martha war, während Timotheus noch ganz genau wiedergab, was er Priscilla mit auf den Weg geben wollte, von dem mächtigen Buchenast aufgebrochen, hatte sich in die Lüfte erhoben und war an das Ufer des Großen Wassers geflogen.

Etwas Glitzerndes, Blinkendes hatte ihre Neugierde geweckt, während sie - oder war es der Puschel auf ihrem winzigen Köpfchen?! - versuchte, Timotheus' Erzählung mit gebührender Aufmerksamkeit zu folgen. Das Glitzernde, Blinkende, Tante Martha frug sich, was es wohl sein mochte, galt es zu erkunden. Lag es auf dem Großen Wasser im nächtlichen Dunkel vor ihr oder befand es sich bereits an Land?!

Tante Martha, die um nichts in der Welt eine spannende Geschichte verpassen mochte, stahl sich unbemerkt von Timotheus' ausladendem Geäst und flog dem glitzernden, blinkenden Etwas entgegen. „Gevatter Dachs! Das ist ja eine Überraschung! Was hat dich aus dem Wald hierher, an dieses entfernte Ufer des Großen Wassers getrieben?!", rief Tante Martha erstaunt aus, als sie Salomons ansichtig wurde.

„Base Martha, bitte senke deine Stimme, ich bin in geheimer Mission an diesem Ort", erwiderte ihr daraufhin vieldeutig Salomon Dachs, der Weise des Waldes.

Tante Martha nahm sich seine Worte zu Herzen und schaltete auf Gedankenübertragung um. „In geheimer Mission, Salomon?! Du beliebst zu scherzen?! Die Glühwürmchen an deiner Seite sind weithin sichtbar. Sie haben mich neugierig gemacht, deshalb kam ich her, um zu sehen, was es mit den funkelnden Lichtern auf sich habe", erwiderte ihm Tante Martha verwundert.

„Oh, ja richtig, die Glühwürmchen", erinnerte sich Salomon Dachs plötzlich wieder seiner Begleiterinnen. „Sie haben sich erboten mir den Weg auszuleuchten als ich mit meiner Mission betraut worden bin. Ich habe ihr Angebot dankbar angenommen", erklärte sich Salomon Dachs Tante Martha.

Während sie so sprachen schritt Salomon bedächtig einen Kreis ab. Er umrundete in der Dunkelheit, ganz in der Nähe des Großen Wassers, eine ebene Fläche und machte für Tante Martha nicht verständliche Zeichen in die Luft und sprach dazu ihr unbekannte Worte. Jetzt beträufelte er die Erde vor sich, stimmte eine Art Gesang an, Tante Martha war mehr und mehr von seinem Tun innerlich berührt, und segnete die Erde. Sie nahm wahr, dass dieser Ort, dieser Platz, etwas Besonderes, etwas ganz Besonderes, etwas Magisches an sich hatte. Dies war für Tante Martha schon dadurch spürbar, dass die umstehenden, beeindruckenden Buchen schwach silbern schimmerten und mit ihren starken Schwingungen zu Tante Marthas Herz sprachen.

Dieser Ort war so ganz verschieden von allem, was Tante Martha bisher erfahren hatte. Etwas war so ganz anders, als sie es kannte, aus dem Wald, der ihre Heimat war, bisher . . .

In diesem Augenblick hatte sie eine Eingebung. Bevor Priscilla weiter und weiter auf dem gewaltigen Buchenast davontrieb, Timotheus' Erzählungen lauschend, rief sie Priscilla zu sich.

Priscilla landete in dem Moment direkt neben Tante Martha, der Strahl der Orientierung hatte sie sicher geleitet.

„Salomon Dachs, du hier?!", sagte Priscilla erstaunt, als sie seiner ansichtig wurde. „Feierst du nicht mit den anderen den Sieg?! Was treibt dich zu dieser Zeit an diesen entlegenen Ort, fernab vom Wald?!", frug Priscilla Gevatter Dachs per Gedankenkraft, als Tante Martha ihr mit einer Geste zu verstehen gab, dass Stille geboten sei.

Noch bevor Gevatter Dachs antworten konnte, geschah es: Ein Summen erhob sich! Und mit dem Summen wurden die Umstehenden von einem unbändigen Glücksgefühl ergriffen, ja fortgespült von einer Freude unbekannten Ausmaßes. Alle drei waren nur noch ein Jauchzen und Frohlocken! Ein Rauschen und Raunen erfüllte augenblicklich die Luft und ließ sie erzittern. Ein riesiger Schwarm der prachtvollen, majestätischen und in jeder Hinsicht würdevollen goldgelben Sonnensegler hatte sich in die Lüfte erhoben und entschwebte vor ihren bewundernden Augen, geführt von den bleichen Strahlen der Mondin, in den Äther.

Als die drei noch völlig ergriffen von dem Anblick der herrlichen Vögel in den nächtlichen Himmel schauten, tat sich vor ihnen die Erde auf! Lady Gaia öffnete ihr Herz! Mit einem Klang, der so sanft und zart war, dass er dem Erwachen einer Rosenknospe im erblühenden Sommer gleichkam, verschob Lady Gaia eine um die andere Schicht die zu ihrem Inneren führte und offenbarte ihr Herz.

Priscilla war überwältigt! Was würde sich noch alles zutragen in dieser außergewöhnlichen Nacht?! Sie genoss jeden Augenblick ihres Daseins!

Mutter Erde gewährte tiefere und immer tiefere Einblicke in ihr Herz, ja ihres ganzen Seins. Vom Rande der Öffnung an der Priscilla stand, Tante Martha hatte sich in dem Augenblick, in dem die Erde sich auftat, ihrer Flügel erinnert und umflatterte nun Priscilla und die sich offenbarende Erde, konnte sie sich nicht sattsehen an der Schönheit Lady Gaias.

Obgleich Priscilla gefesselt war von den Eindrücken, die Lady Gaia ihr vermittelte, schaute sie dennoch nach Gevatter Dachs und suchte ihn mit den Augen, inmitten der berauschenden Geschehnisse. Salomon Dachs, der Weise des Waldes und seine Begleiterinnen, die Glühwürmchen, waren verschwunden.

Soraya

Priscilla wunderte sich nicht mehr. Sie konnte keinen Grund dafür nennen, dennoch war es, wie es war; sie fühlte sich am rechten Platz, war glücklich und geborgen! Sie hatte das Gefühl, angekommen zu sein. Sie wusste nun, dass alles gut werden würde, nein, dass alles bereits gut war!

Sie fühlte, dass das Aufbrechen der Erde wie eine Erlösung auf sie wirkte. Jetzt, da die Erde einer schwärenden Wunde gleich aufbrach und den alten Schmerz, die alte Trauer und das ganze vergebliche Leid offenlegte, konnte sich dieses in Licht und strahlende Glückseligkeit wandeln! Priscilla fühlte mit der Erde und Lady Gaia fühlte mit ihr.

Priscilla spürte es ganz deutlich, einer grenzenlosen Gewissheit gleich: Bald würde sie ihren geliebten Bruder, den kleinen Kobold und Genoveva wiedersehen!

Und tatsächlich, als sie ihren Blick, den sie gerade in die Dunkelheit geschickt hatte, um Gevatter Dachs zu erspähen, wieder in das Erdinnere sandte, sah sie ihn!

„Fernando, Fernando!", rief Priscilla aufgeregt in die Tiefen von Mutter Erde hinein. „Fernando, Fernando, hier oben bin ich, schaue über dich! Ich bin es, Priscilla!", rief Priscilla voller Freude in das Erdinnere.

Der kleine Kobold hörte sie nicht. Er ging weiter und weiter, wie von unsichtbaren Ketten gebunden und von diesen fortgezogen. Sein Blick war leer, seine Schultern gebeugt und er wirkte auf Priscilla, selbst aus der großen Entfernung, die ihn von ihr trennte, wie betäubt.

Priscilla zerriss es beinahe das Herz. So hatte sie ihren Bruder noch nie gesehen: Verzweifelt, in sich gekehrt und ohne Hoffnung. Es war entsetzlich! In diesem Moment ahnte sie mehr als dass sie es sah, wie ein kleiner Schatten an ihr vorbei in die Tiefe fiel. „Tante Martha, warte auf mich, ich komme mit!", hörte sich Priscilla wie aus weiter Ferne rufen. Und im selben Moment stürzte sie Tante Martha hinterdrein.

Während ihres Sturzfluges gelangte sie ganz dicht an die wundersamen Höhlen und Kammern des Erdinneren heran, die sie nun, wenn auch nur im Vorbeifliegen, aus der Nähe wahrnehmen konnte. Hier befanden sich Säle, die von der Decke bis zum Boden aus violetten Amethysten bestanden, Höhlen, die über und über die klar schimmerndsten Bergkristalle beherbergten. Höhlen riesigen Ausmaßes, etwa von der Höhe der höchsten Rotbuche im Wald! Priscilla war berauscht! Die vielen Kammern, die sie im Flug passierte waren von atemberaubender Schönheit und erstrahlten in unbeschreiblichen Farben. Die ausgesandten Schwingungen der vielen heilenden Edelsteine machten Priscilla ganz schwindelig!

Von vielen Kammern an denen sie vorbeisauste, wurde sie mit himmlischen Klängen beschenkt, die nur von Engeln stammen konnten.

Welch eine Pracht und Fülle für alle ihre Sinne wurde Priscilla da zuteil! Ihr war, als könne sie vor Seligkeit vergehen.

Wo war sie?! Im Paradies?! Im Herzen von Lady Gaia?! Zu Hause?! Priscilla floss über vor Wonne.

War sie jemals unglücklich gewesen?! Hatte sie sich jemals nach Hause gesehnt, dahin, wo die Liebe bestimmte?! Priscilla war jetzt zu Hause! Sie war angekommen! In den tiefen Schichten, dem Herzen von Mutter Erde, erfuhr sie ein Glücksgefühl, wie sonst nur in ihren Tagträumen, wenn sie sich wegstahl aus der Enge ihres Daseins im Wald.

Priscilla glühte vor Verlangen immer tiefer und tiefer in das Herz von Lady Gaia vorzudringen. Sie konnte es kaum abwarten Fernando in die Arme zu schließen, um ihm zu sagen, dass nun alles gut sei! Bei dem Gedanken an Fernando plumpste sie auch schon neben ihn und konnte gerade noch Tante Martha ausweichen, die einen Wimpernschlag vor ihr auf seiner Schulter gelandet war.

„Fernando, Fernando, geliebter Bruder, ich bin so glücklich dich wiederzusehen!“, rief freudestrahlend Priscilla ihrem Bruder, dem kleinen Kobold zu und schmiegte sich an ihn.

Allein, sein Körper machte keine Anstalten, sie zu umarmen. Keine Regung seiner Augen, keine Geste des Erkennens; Fernando war nicht mehr da, obwohl er sichtbar vor ihr stand. Sein Selbst war an einem fernen, ihr unbekannten Ort. Hier, neben ihr, war Fernando jedenfalls nicht.

Priscilla ließ die Arme sinken, die sie zu seinem Willkommen um ihn geschlungen hatte. Tante Martha, die sonst in allen Lebenslagen eine Idee hatte oder einen vorwitzigen Ausspruch tat, blieb stumm. Sie saß auf der Schulter des kleinen Koboldes und ließ ihr Köpfchen hängen, gerade so, als hätte sich eine große, nicht abzuschüttelnde Müdigkeit über sie gelegt. Sogar der immer aufgeregt und beflissen zappelnde Puschel auf ihrem Kopf hing reglos herab.

Priscilla sah sich um. Die Freude und Glückseligkeit in ihrem eigenen Herzen stand in so deutlichem Gegensatz zu den beiden leblosen Gestalten vor ihr, dass sie die anderen Anwesenden, die sie drei umstanden, nicht bemerkt hatte.

Priscilla, Fernando und Tante Martha waren umringt von Zwerginnen und Zwergen, die teils mit herzlicher Freude, teils mit tiefer Befriedigung und teils mit großer Verlegenheit zu ihnen blickten. Soraya, die imposanteste unter den Zwerginnen trat vor und ging auf Priscilla zu. In Priscilla brach, Sorayas ansichtig werdend, ein Sturm von Gefühlen aus. Erinnerungen drängten in ihr Bewusstsein. Sie wurde beinahe ohnmächtig, so wild tobte der Strom der anbrandenden Gefühle und Erinnerungen in ihr.

Sie kannte Soraya aus einer anderen Zeit, aus einem anderen Leben. Sie beiden verbanden überschäumende Freude, geteiltes Leid und unverbrüchliche Treue. Soraya und sie, Priscilla, waren . . .

„Sei gegrüßt, geliebte Schwester. Ich freue mich sehr, dich wiederzusehen. Ich bekenne, die Umstände sind ungewöhnlich. Dein geliebter Bruder, der kleine Kobold und deine einzigartige Begleiterin, die Kiebitzin Tante Martha, sind dir vorausgegangen und nicht ganz freiwillig hier. Ich habe ihr Bewusstsein verändert und sie in einen schlafähnlichen Zustand versetzt. Mache dir um sie keine Sorgen. Es geht ihnen gut. Genau wie deiner Mutter Genoveva. Ich habe große Mühe darauf verwandt, dich hierherzubringen. Ich bin sehr zufrieden mit mir, dass mir das gelungen ist.“ Bei diesen Worten ließ Soraya ein Lächeln sehen, dass ein wenig verlegen und ein wenig schelmisch wirkte.

„Soraya, auch dir sei meine herzliche Freude überbracht. Wie viele Leben haben wir uns nicht mehr gesehen?!“, suchte Priscilla einen Anfang zu machen, indem sie Sorayas Gesprächspause für eine Erwiderung nutzte. „Es waren viele, Priscilla, sehr, sehr viele“, antwortete Soraya.

„Soraya, was kann ich für dich tun und warum hast du so viel Mühe darauf verwandt mich hierherzubringen?! Was hat das alles mit meinem Bruder und mit Genoveva zu tun?!“, bat Priscilla Soraya um eine Erklärung.

„Ich hätte dich gerne ohne diese Umwege, die ich gegangen bin, hierher gebeten, dich hierher eingeladen. Ich konnte dich jedoch nicht erreichen. Du warst so lange Zeit mit der Sehnsucht erfüllt nach dem Ort unser aller Zuhause, dass ich nicht, auch nicht mit Gedankenkraft, zu dir vordringen konnte. So habe ich nichts unversucht gelassen dich hierherzuführen.

Du ahnst inzwischen schon, um was ich dich jetzt bitten werde. Ich kann in deinem Herzen lesen und du in meinem.

Ich bitte dich, Priscilla, eine Deva aus dem Geschlecht der Elfen, unsere Lehrmeisterin zu sein. Ich bitte dich, uns die Wahrheit zu lehren, damit wir das Gelübde des Volkes der Zwerginnen und Zwerge erfüllen können. Wir bitten dich um deine Hilfe, um uns an unser göttliches Licht zu erinnern und dieses mit deiner Unterstützung wieder zu entzünden. Willst du uns helfen?!“

„Liebe Soraya, sehr gerne bleibe ich bei euch, lehre euch alles, was ich selbst weiß und freue mich auf den Aufenthalt in Mutter Erde, um ihr und euch zu dienen.“

Die nun einsetzenden Jubelrufe aller Zwerginnen und Zwerge sowie die stürmischen Umarmungen von Priscilla und Soraya bedeuteten den langersehnten Abschluss einer aufregenden Reise in das Innere der Herzen. Fernando, der genauso wie Tante Martha augenblicklich aus seinem Schlafzustand erwacht war, stimmte in den allgemeinen Jubel ein und umarmte übermütig bald seine Schwester, bald Soraya. Genoveva trat nun zu ihnen, die bislang im Hintergrund geblieben war, um die Wahl Priscillas nicht zu beeinflussen. Sofort wurde jetzt Genoveva leidenschaftlich von ihren Kindern umarmt und herumgewirbelt. Die Wiedersehensfreude ließ ihrer aller Augen überlaufen vor Glück, und das Herzen und Kosen nahm kein Ende.

Und Tante Martha, wo war Tante Martha?! Priscilla hatte sie gerade noch, Puschel neugierig voran, in eine der wunderschönen Herzkammern Lady Gaias eintauchen sehen . . .

Und der Kobold unter Euch, der keine Schwester hat wie Priscilla, kann sich stets eine wünschen

Zeitfracht Medien GmbH
Ferdinand-Jühlke-Straße 7
99095 Erfurt, Deutschland
produktsicherheit@kolibri360.de